Tucholsky Wagner Zola Scott Sydow Fonatne Freud Schlegel
Turgenev Wallace
Twain Walther von der Vogelweide Fouqué Friedrich II. von Preußen
Weber Freiligrath Frey
Fechner Fichte Weiße Rose von Fallersleben Kant Ernst Richthofen Frommel
Hölderlin
Fehrs Engels Fielding Eichendorff Tacitus Dumas
Faber Flaubert Eliasberg Ebner Eschenbach
Feuerbach Maximilian I. von Habsburg Fock Eliot Zweig
Ewald Vergil
Goethe London
Mendelssohn Balzac Shakespeare Elisabeth von Österreich
Lichtenberg Rathenau Dostojewski Ganghofer
Trackl Stevenson Tolstoi Hambruch Doyle Gjellerup
Mommsen Thoma Lenz Hanrieder Droste-Hülshoff
Dach Verne von Arnim Hägele Hauff Humboldt
Karrillon Reuter Rousseau Hagen Hauptmann
Garschin Gautier
Damaschke Defoe Hebbel Baudelaire
Descartes
Wolfram von Eschenbach Schopenhauer Hegel Kussmaul Herder
Bronner Darwin Melville Dickens Grimm Jerome Rilke George
Campe Horváth Aristoteles Bebel Proust
Bismarck Vigny Gengenbach Barlach Voltaire Federer Herodot
Heine
Storm Casanova Lessing Tersteegen Gilm Grillparzer Georgy
Chamberlain Langbein Gryphius
Brentano Claudius Schiller Lafontaine
Strachwitz Kralik Iffland Sokrates
Katharina II. von Rußland Bellamy Schilling
Gerstäcker Raabe Gibbon Tschechow
Löns Hesse Hoffmann Gogol Wilde Gleim Vulpius
Luther Heym Hofmannsthal Klee Hölty Morgenstern
Roth Heyse Klopstock Kleist Goedicke
Luxemburg Puschkin Homer Mörike
La Roche Horaz Musil
Machiavelli Kierkegaard Kraft Kraus
Navarra Aurel Musset
Nestroy Marie de France Lamprecht Kind Kirchhoff Hugo Moltke
Nietzsche Marx Nansen Laotse Ipsen Liebknecht
von Ossietzky Lassalle Gorki Klett Leibniz Ringelnatz
May vom Stein Lawrence Irving
Petalozzi Platon Knigge
Sachs Poe Pückler Michelangelo Kock Kafka
Liebermann Korolenko
de Sade Praetorius Mistral Zetkin

Der Verlag tredition aus Hamburg veröffentlicht in der Reihe **TREDITION CLASSICS** Werke aus mehr als zwei Jahrtausenden. Diese waren zu einem Großteil vergriffen oder nur noch antiquarisch erhältlich.

Symbolfigur für **TREDITION CLASSICS** ist Johannes Gutenberg (1400 — 1468), der Erfinder des Buchdrucks mit Metalllettern und der Druckerpresse.

Mit der Buchreihe **TREDITION CLASSICS** verfolgt tredition das Ziel, tausende Klassiker der Weltliteratur verschiedener Sprachen wieder als gedruckte Bücher aufzulegen – und das weltweit!

Die Buchreihe dient zur Bewahrung der Literatur und Förderung der Kultur. Sie trägt so dazu bei, dass viele tausend Werke nicht in Vergessenheit geraten.

Ein Gang durchs Taubertal

Von Rothenburg bis Wertheim

Wilhelm Heinrich Riehl

Impressum

Autor: Wilhelm Heinrich Riehl
Umschlagkonzept: toepferschumann, Berlin

Verlag: tredition GmbH, Hamburg
ISBN: 978-3-8424-9269-1
Printed in Germany

Ziel der TREDITION CLASSICS ist es, tausende deutsch- und fremdsprachige Klassiker wieder in Buchform verfügbar zu machen. Die Werke wurden eingescannt und digitalisiert. Dadurch können etwaige Fehler nicht komplett ausgeschlossen werden. Unsere Kooperationspartner und wir von tredition versuchen, die Werke bestmöglich zu bearbeiten. Sollten Sie trotzdem einen Fehler finden, bitten wir diesen zu entschuldigen. Die Rechtschreibung der Originalausgabe wurde unverändert übernommen. Daher können sich hinsichtlich der Schreibweise Widersprüche zu der heutigen Rechtschreibung ergeben.

Ein Gang durch die deutsche Geschichte

Wer das Taubertal mit Vernunft durchwandern will, der muß zwei Reisekarten mitnehmen; eine neue und eine alte aus der Schlußzeit des alten römischen Reichs. Ohne die letztere weiß er gar nicht, auf welchem Grund und Boden er eigentlich steht, und die rasch wechselnde historische Physiognomie der Städte und Dörfer bleibt ihm ein Rätsel. Ein Gang durchs Taubertal ist ein Gang durch die deutsche Geschichte, ist heute noch ein Gang durchs alte Reich, und da man bei der gleichfalls noch altertümlichen Billigkeit der Wirtshäuser mit einer ziemlich leichten Barschaft des Geldbeutels durchkommen kann, so tut man wohl, eine etwas schwerere Barschaft historischer Vorstudien in die Tasche zu stecken.

Blick vom Rothenburger Burggarten über das Taubertal in Richtung Detwang. Radierung von A. W. Winterschmidt, um 1780.

Die liebliche Gegend hat einen kleinen Wurf, aber die Geschichte des Tals einen großen. Du trittst auf den Felsrücken der alten Burg zu Rothenburg, um einen Blick in das enggewundene obere Taubertal zu gewinnen: der Boden, auf welchem du stehst, gehört der deutschen Kaisergeschichte, hier lag die Feste der Hohenstaufen. Du gehst ins Tal hinab über die Tauberbrücke; sie stammt aus dem 14. Jahrhundert und erinnert an die Verkettung der Geschicke der

Stadt mit den Geschicken Kaiser Ludwigs des Bayern. Du wandelst über den Marktplatz von Rothenburg, wo es jetzt so stille geworden: hier belehnte Kaiser Friedrich III. den König Christian I. von Dänemark mit Holstein, Stormarn und Ditmarschen, und unter den Zuschauern befand sich auch ein türkischer Prinz Bajazet. Du betrachtest das neue Rathaus: hier saß Kaiser Karl V. im untern Erker und nahm die Huldigung der Bürgerschaft entgegen. Er kehrte damals als Sieger über den Schmalkaldischen Bund hier ein, aber das Podagra hielt den Sieger zwölf Tage lang in diesem selben Rathaus gefangen. An das neue Rathaus stößt rückwärts das alte: es erinnert an die politische und kriegerische Kraft- und Glanzzeit der Reichsstadt im 14. und 15. Jahrhundert und an den größten Rothenburger Bürger, Heinrich Toppler, der kein großer Kaufmann, sondern ein großer Staatsmann und Soldat gewesen und in den geheimen Gefängnissen dieses Hauses verhungert ist. Gehst du durchs Klingenthor gegen Mergentheim nach Detwang hinab und zweifelst, ob du die breite Landstraße oder den steilen Streckweg links den Berg hinunter wählen sollst, so kannst du dich wohl dem steilen Pfad vertrauen, denn hier ist Kaiser Ferdinand I. mit seinem ganzen Gefolge heraufgeritten. Selbst in der Bauernsprache der Umgegend soll noch ein Stücklein Reichsgeschichte umgehen: die Bauern sagen »wenzeln« statt schlemmen und faulenzen, und man führt dieses Wort auf den faulen König Wenzel zurück, der sich im Jahr 1387 in Rothenburg aufhielt und in dem Schlößchen im Rosental wenzelte.

Die letzte Residenz der Hoch- und Deutschmeister in Mergentheim kündigt sich uns an, lange bevor wir den Turm der alten Ordensburg Neuhaus oder des späteren Schlosses unten in der Stadt erblicken: da und dort an der Tauber begegnet uns das Ordenskreuz, in Stein gehauen. Als Residenz der Hochmeister seit dem 16. Jahrhundert erinnert Mergentheim freilich nur an den Verfall des Ordens, aber als viel älterer Hauptsitz der Deutschmeister (mit Horneck am Neckar) auch an dessen Kraft und Blüte.

Burg Neuhaus bei Mergentheim (Rekonstruktion der Anlage). Stahlstich von C Schönhuth, um 1850

In Creglingen suchen wir das prächtige Altarwerk von Veit Stoß, und wenn er's nicht selbst geschnitzt hat, so ist es doch seines Geistes und seiner Schule durchaus würdig und gehört als ein Meisterstück ersten Ranges nicht bloß der fränkischen, sondern der deutschen und allgemeinen Kunstgeschichte. Aber ungesucht tritt uns dort auch die Geschichte der Reformation entgegen, Ablaßbriefe, zumeist zerkratzt und zerrissen, sind an den Chorstühlen angeklebt, und Tetzels Kanzel - so nennt die Sage ein kleines Türmchen mit Plattform - ragt noch immer an der äußeren Kirchenwand so hoch und luftig, daß der Dominikanermönch wohl ein schwindelfreier Redner gewesen sein muß. Und wie Creglingen an Tetzel, so erinnert Rothenburg an Andreas Bodenstein von Karlstadt, und dieser Name führt uns wiederum zum Bauernkrieg, für welchen das Taubertal ein klassischer Boden ist wie kaum ein anderer. Anfang, Mitte und Ende liegen hier beisammen. In Niklashausen an der Tauber hatte Henselin, der Pauker von Niklashausen, 1476 seine Visionen und predigte vor vielen Tausenden sein sozialistisches Evangelium; an der Tauber zündete, fast fünfzig Jahre später, der Funken des Bauernaufruhrs ungemein rasch, aber in Rothenburg wurde der Nerv der fränkischen Bewegung schon gelähmt, noch ehe die streitbaren Haufen in der großen Bauernschlacht bei Königshofen an der Tauber vernichtet waren.

Landschaft gefallener Reichsgrößen

Inmitten eines regsamen Volks und einer ergiebigen Natur durchschreiten wir an der Tauber die Gebiete von lauter gefallenen Reichsgrößen. Das zeigt uns eben die alte Landkarte schon in den Grenzlinien aus der letzten Reichszeit, die siebenmal den nur dreißig Stunden langen Talgrund kreuzten. Zu oberst das Gebiet der annektierten Reichsstadt (Rothenburg); dann eine ausgestorbene Markgrafschaft (Ansbach) bei Creglingen; ein säkularisiertes Hochstift (Würzburg) bei Röttingen und Lauda; ein mediatisiertes Fürstentum (Hohenlohe) bei Weikersheim; das Land eines aufgehobenen Ritterordens (der Deutschherren) bei Mergentheim und ein ehemaliges halbes Reichsdorf (Althausen); eine weiland unmittelbare Reichsherrschaft (Gamburg); ritterschaftliche Besitzungen (in Archshofen, Edelfingen), verlassene Klöster, ein säkularisiertes geistliches Kurfürstentum (Mainz) bei Bischofsheim und endlich eine mediatisierte Grafschaft (Wertheim) im Mündungsgebiete des Flusses!

Mergentheim mit Burg Neuhaus. Holzschnitt von P. Illner, 1866

So war also das Taubertal zur Zeit des Reichs mindestens neunherrisch und jetzt gehört es nur noch dreien Herren: Bayern, Württemberg und Baden. (Die drei Länder kann der Wanderer schon mit den Füßen wahrnehmen ohne alle Landkarte: in Bayern ist die Talstraße leidlich gut, in Württemberg wird sie besser, in Baden am besten.) Obgleich sich nun also die Gebietsverhältnisse an der Tauber sehr vereinfacht haben, so ist das Tal als ganzes jetzt doch zerstückter, zerfallener, einheitsloser als früher.

Denn vordem trug es großenteils den Schwerpunkt in sich selbst, und seine drei Hauptgebiete gravitierten in drei Hauptgliederungen des Talgrundes. Reichsstädtisch war das obere Land, wo die Tauber noch rascheren Laufes und in engerer Rinne die Höhen des Keupers und Muschelkalks durchbricht, und Rothenburg herrscht hier als Hauptstadt; deutschherrisch war das Zentrum des mittleren, sanften, kulturfähigeren Beckens (im Muschelkalk), wo Mergentheim städtisch dominierte; reichsfürstlich endlich die Hauptmasse des unteren Gebiets, wo der Buntsandstein zu höheren Bergen ansteigt und die Main-Tauberstadt Wertheim (mit Würzburg in der Flanke) den maßgebenden Schlußpunkt des Verkehrs macht.

Die wichtigsten drei Städte des Flusses waren also zugleich Gebietshauptstädte, auch das hohenlohische Weikersheim war eine Residenz, und obwohl Ansbach, Kurmainz und Würzburg mit ihren Grenzwinkeln ins Tal hineinschauten, fand dasselbe samt den meisten Seitenhöhen und Seitentälern doch seine einigenden Mittelpunkte in sich selbst und bildete eine kleine reiche Welt für sich.

Hierin löst sich das Rätsel der früheren Kulturblüte und des jetzigen Verfalls. Nicht sowohl durch Handel und Gewerbe sind die größeren Tauberstädte im Mittelalter bedeutend geworden, als durch die Gunst der politischen Herrschaftsverhältnisse. Das gilt auch von Rothenburg. Darum sind es auch nicht sowohl die neuen Verkehrswege oder die neuen Formen der Industrie, was die moderne Blüte des Taubertales so bescheiden zurücktreten ließ neben den Denkmalen vergangener Pracht und Macht, sondern es ist der Sturz aller der alten Herrschaften, die früher hier gravitierten. Nicht mit dem ökonomischen Ruin des mittelalterlichen Städtewesens, sondern viel später, mit der politischen Zertrümmerung des Reichs, ging die selbständige Herrlichkeit des Taubertals zu Grabe.

An der Tauber sitzen Franken

Vergleichen wir die Gegenwart mit jener vergangenen Zeit. Wie ist da alles von Grund aus anders geworden! Alles Land an der Tauber hat neue Herren bekommen: der obere Teil ist neubayrisch, der mittlere (der Taubergrund) neuwürttembergisch, der untere (der Taubergau) neubadisch. Und diese drei Stücke sind lauter fremdartige kleine Eck- und Grenzzipfel größerer Staaten. Ich sage fremdartig, denn Württemberg und Baden haben sonst gar keinen Anteil am Maingebiet außer durch ihr Stückchen Tauber.

Das ostfränkische Volk des badischen Taubergaues bildet eine ethnographische Exklave im äußersten Nordosten des Großherzogtums, sein natürlicher städtischer Mittelpunkt ist das bayrische Würzburg, nicht Karlsruhe oder Heidelberg. Württemberg besitzt keine rein fränkische Bevölkerung, außer im Taubergrund und in den angrenzenden weiland ansbachischen und hohenlohischen Ämtern. Der Tauberwein ist ein Fremdling unter den altwürttembergischen Neckarweinen, wie außerdem nur noch der Seewein am südlichsten Gegenpol des Königreichs. Zu Weikersheim und Mergentheim spricht man gut fränkisch in der Bauernstube der Wirtshäuser und gut schwäbisch im Herrenstüble, wo die Beamten sitzen. Das soll, wie der patriotische Württemberger meint, schon vorgedeutet gewesen sein durch die Hohenstaufen, als dieselben das Herzogtum Rothenburg an der Tauber mit ihrem Herzogtum Schwaben verbanden. Allein die Hohenstaufen schoben Rothenburg nicht in die Ecke, sondern legten vielmehr den Grundstein zu seiner selbständigen Macht als einer fränkischen Stadt und künftigen (1274) deutschen Reichsstadt ob der Tauber, als der Beherrscherin des Quellengebiets und oberen Flußlaufes. Nun ist aber Rothenburg an der Tauber nicht bloß eine bayrische Provinzstadt geworden, worüber es sich mit Nürnberg und Augsburg trösten könnte, sondern eine Grenzstadt, die ganz außer der Welt liegt, ein vergessenes Trümmerstück des Mittelalters. Auch sein Gebiet, früher so groß (es umfaßte 163 Dörfer und 40 Burgen) und wohl abgerundet, ist zwischen zwei Herren geteilt, und vielleicht haben es die Rothenburger minder schmerzlich empfunden, daß sie 1802 ihre politische Selbständigkeit verloren, als daß 1810 ihr Gebiet zerrissen wurde – ihr Gebiet, welches die Quelle ihrer Macht und ihr Stolz gewesen war – und daß die Hälfte ihrer ehemaligen Gebietsuntertanen jetzt nicht einmal mehr nach Rothenburg zu Amt und zu Gericht geht, sondern ins Württembergische nach Mergentheim und gar nach dem obskuren Oberamtsdorf Gerabronn.

Und dazu mußte Rothenburg selber einem Kreise zufallen, dessen Hauptstadt Ansbach ist! Wenn noch Nürnberg die Kreishauptstadt Mittelfrankens geworden wäre, wie es ja ganz natürlich erscheint; aber Ansbach, das sich an historischem Rang durchaus nicht mit Rothenburg messen kann, still und stillestehend, die unpopulärste Stadt bei allen Handlungsreisenden – unpopulärer sogar als das noch stillere und stillstehendere Rothenburg! Denn nach Ansbach kommen diese Peripatetiker, um wenig Geschäfte und noch weniger Unterhaltung dort zu finden, nach Rothenburg kommen sie in der Regel überhaupt nicht.

Allein zeigt denn das Taubertal mit seinen drei neuen Gebietsbruchstücken im Kleinen nicht genau dasselbe Bild wie ganz Ostfranken, der ehemalige fränkische Reichskreis, im Großen? Im Großen: Ja! aber groß und klein ist eben zweierlei. Freilich sind alle alten Herrschaften des fränkischen Kreises untergegangen und lauter neues Land geworden, in der Hauptmasse neubayrisch. Allein wenn Ansbach, Bayreuth, Würzburg, Bamberg, Nürnberg neubayrisch wurden, so wird durch solchen Zuwachs andererseits auch Altbayern ein neues Bayern, und das alte Frankenland trägt trotz München immer noch seine eigenen Kulturmittelpunkte in sich selbst. Franken greift selbsttätig in die innere politische Bewegung Bayerns, wenn es auch seine äußere politische Selbständigkeit verloren hat. Dergleichen kann man aber doch nicht von den abgelegenen Grenzwinkeln des Tauberlandes behaupten.

Man ist hier im Kleinen unzufrieden und klagt über allerlei Ungunst und Vernachlässigung, die Vergangenheit zeigte große politische Schauspiele, die Gegenwart ein rührendes Familienstück. In Rothenburg meinen viele Leute: Württemberg behandle seine alten Reichsstädte mit größerer Vorliebe als Bayern und würde einer Stadt wie der ihrigen doch wenigstens ein Stückchen Eisenbahn gegönnt haben; im württembergischen Creglingen dagegen, dessen kunstberühmte Herrgottskirche nur notdürftig erhalten wird, vernahm ich, daß man in Bayern doch mehr tue für die Kunstaltertümer, und König Ludwig I. habe den Creglingern schon 20 000 Gulden für ihren Hochaltar geboten, die biete in Württemberg kein Mensch. Die Badener beneiden nicht gerne das Ausland, aber sie beneiden sich untereinander, und in Tauberbischofsheim klagte man (früher wenigstens) oft und bitter, daß der badische Taubergau des Segens von Amts- und Behördensitzen, Garnisonen, Zuchthäusern und anderen nahrhaften Anstalten lange nicht so reichlich teilhaftig werde wie die übrigen Gegenden des Großherzogtums.

Große Straßen schneiden das Tal

Es geht bei dem Charakter eines Landstrichs wie bei den Charakteren der Menschen: beide zeichnen sich am schärfsten in einer Reihe von Widersprüchen. Wer aber dem Charakter auf den Grund sieht, der findet doch immer zuletzt, daß diese Widersprüche nur scheinbar sind. Zum weiteren Nachdenken werfe ich ein halbes Dutzend solcher Widersprüche hin, in welchen sich mir der Charakter des Taubergebiets besonders zu spiegeln scheint.

Daniel in seiner Geographie von Deutschland nennt den Taubergrund »einen Garten Gottes an Fruchtbarkeit und Schöne«, und das Tauberland ist, wenn man vorwärts schaut, wohlhäbig und aufblühend; aber es ist zugleich arm und zurückgegangen, wenn man rückwärts blickt in seine Geschichte. Und doch ist diese Geschichte, niederdrückend für die Gegenwart, zugleich auch wieder ein stolzer, unzerstörbarer Reichtum des Landes.

Das Taubertal ist äußerst belebt und verkehrsreich, dennoch ist es auch wieder gar stille, einsam und abgelegen; denn sein Verkehr ist fast durchaus Lokalverkehr, es ist der enge, freundnachbarliche Verkehr der Landwirtschaft und des Gewerbes, nicht der weite, weltoffene des Handels und der Industrie.

Das Taubertal ist literarisch sehr fleißig bearbeitet - sprunghaft und in Bruchstücken, und trotzdem literarisch kaum bearbeitet - im Zusammenhang und im ganzen. Wer über die Tauber auch nur flüchtige Studien machen will, der muß sich einen ganzen Stoß Bücher zusammentragen, eben weil von der Tauber schon so viel und über die Tauber noch so wenig geschrieben ist. Denn wo die Landesgrenze das Tal durchschneidet, da hört für die offizielle Topographie (wie für unsere bayrischen Generalstabskarten) die Welt auf.

Lauda von der Morgenseite. Aquarell von J. Hammerschmiedt, um 1831

Das Tauberland ist von Natur kein Grenzland, und dennoch war und ist es ein so vielfach durchgrenztes Land. Ja man kann nicht einmal unbestritten sagen, in welches Herren Lande die Quelle des Flusses liegt. Die Tauber entspringt in Bayern und Württemberg – wie man will; denn die Bayern sagen, sie entspringe hüben, die Württemberger, sie entspringe drüben. Jedenfalls entspringt sie an der Grenze. Das Taubertal ist endlich höchst wegsam, liegt aber doch überall aus dem Wege. Dies will ich noch etwas näher erläutern.

An der Talstraße der Tauber liegen neun Städte: Rothenburg, Creglingen, Röttingen, Weikersheim, Mergentheim, Königshofen, Lauda, Bischofsheim, Wertheim, auf siebenundzwanzig Stunden Wegs, es kommt also auf je drei Stunden eine Stadt und wohl auf jede Stunde eine Ortschaft überhaupt. Dazu ist das Tal die natürlichste Verbindungslinie zwischen der sogenannten europäischen Wasserscheide, der Frankenhöhe, und dem Untermain; es ist offen, bequem wegsam, hat größtenteils nur sehr mäßiges Gefälle und bloß eine größere, leicht abzuschneidende Kurve. Man sollte meinen: ein solches Tal müsse seit ältester Zeit eine natürliche Hauptstraße gebildet haben. Und doch war dies niemals der Fall und wird es auch nach vollendeter Eisenbahn nicht werden. Wie die Tauber seit dem Mittelalter von Grenzen durchschnitten ist, so ist sie auch von Hauptstraßen quer durchkreuzt, von Hauptstraßen berührt, aber keine Hauptstraße folgt dem Flusse. Der Grund dafür lag und liegt in der uralten überwiegenden Bedeutung Würzburgs, welches den Verkehr aus Süden und Westen seitab zu sich herüberzog, und in den störenden Schlangenlinien des Mainvierecks, die den Verkehr von Osten nach Westen vorwärts über den Spessart drängten.

Die mittelalterliche Hauptstraße von Augsburg nach Würzburg berührte die Tauber nur bei Rothenburg, die alte Straße vom Neckar zum Main zielte gleichfalls auf Würzburg und kreuzte die Tauber bei Mergentheim, die neue Eisenbahn von Heidelberg nach Würzburg wird das Tal bei Tauberbischofsheim kreuzen, die Talbahn selbst aber wird nur lokale Bedeutung haben. So führten die großen Straßen von alters her das Tal zwar in die Welt hinaus, aber sie führten die Welt nicht durch das Tal.

Als Kaiser Ludwig der Bayer in seinen Kämpfen mit Friedrich dem Schönen von den Rothenburgern so kräftig unterstützt worden war, gab er ihnen (1331) zum Dank, neben mancherlei Rechten und Freiheiten, auch das Versprechen, daß die große Straße von Augsburg nach Würzburg durch Rothenburg gehen solle. So geschah es denn auch, und so blieb es durch Jahrhunderte, und die Rothenburger meinen: diesen Zug aus der bayrischen Geschichte hätte man in München nicht vergessen und wenigstens die Ansbach-Würzburger Linie über ihre Stadt führen sollen statt über das nur zwei Stunden seitab gelegene, historisch völlig unbedeutende Steinach. Man sieht, an der Tauber spielt die Geschichte überall herein, selbst in die Eisenbahnfragen. Allein unsere Ingenieure schlagen nicht die Chronik nach, wenn sie eine neue Bahnlinie entwerfen.

Selbst im eigenen Land wenig bekannt

Der Marktplatz zu Mergentheim. Lithographie von C. Baumann, um 1830

Infolge der besprochenen Weg- und Grenzverhältnisse ist aber das Taubertal nicht bloß auswärts wenig bekannt, sondern die Bewohner selber kennen großenteils das Gesamtgebiet ihres anmutigen Flüßchens weit weniger, als der fremde Wanderer glauben möchte, wenn er so bequem auf belebter Straße talabwärts zieht. Ein Rothenburger wird nicht oft nach Wertheim reisen, und noch seltener kommt ein Wertheimer hinauf nach Rothenburg. Zwischen Detwang und Creglingen ging ich mit einem jungen Bauernburschen aus der Gegend. Er gehörte gerade nicht zu der bäuerlichen Aristokratie, denn er hatte eben ein Schwein zur Stadt getrieben, allein er kannte das obere Tal äußerst genau, hatte fein beobachtet und wußte so gut Bescheid in der Geschichte seiner Gegend, daß ich ihm - geradeswegs aus Altbayern kommend, wo die Bauern, welche Schweine treiben, etwas weniger historisch gebildet sind - mein Erstaunen darüber nicht verhehlen konnte. Er erzählte mir viel vom Dreißigjährigen Krieg, den er, auf nähere Erkundigung, nur um hundert Jahre zu früh setzte, von der Erstürmung Rothenburgs durch Tilly, von Tetzels Ablaßpredigt, von der deutschherrischen Zeit in Mergentheim, welche man dort die deutschnärrische Zeit nennt, von den Hohenstaufen und ähnlichen Dingen. Er war in Stuttgart und Ludwigsburg bekannt und wußte viel von Honduras und Mexiko und von Amerika überhaupt, nur daß er Mexiko beiläufig einmal mit Algier verwechselte; von der unteren Hälfte seines heimatlichen Taubertales dagegen wußte er nichts, und da er gesehen hatte, wie sich bei Mergentheim das Talbecken ausweitet, so behauptete er: der Fluß laufe von dort abwärts durch eine Ebene. Andererseits traf ich in Bischofsheim und Wertheim mit sehr gebildeten Leuten zusammen, welchen ich Rothenburg wie eine ganz fremde Stadt schildern konnte; sie waren niemals droben gewesen.

Rothenburg hat zwei Gesichter

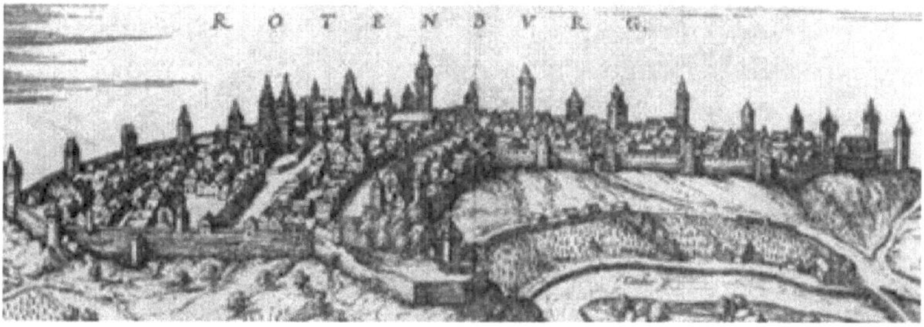

Rothenburg ob der Tauber. Kolor. Radierung aus Braun und Hogenberg, um 1580.

Nachdem ich nun bis hierher das Tal im ganzen und von oben herab aus der historisch-topographischen Vogelperspektive gezeichnet habe, will ich den Leser auch noch zu den einzelnen schönsten und merkwürdigsten Punkten führen. Dies sind aber hier, wie fast überall im mittelrheinischen Lande, die Städte, Dörfer und Burgen. Die Landschaft wird erst schön und bedeutend durch die Staffage. Wenn heutzutage so viele Reisende in den Tälern des Rheins und seiner Nebenflüsse sich enttäuscht finden, so rührt dies nur daher, weil sie die Staffage nicht zu sehen verstehen, und in Gegenden, die als Kulturland unvergleichlich reizend sind, die reine Naturschönheit, wie etwa im Hochgebirge, suchen.

Die oberste und die unterste Stadt der Tauber haben den höchsten malerischen Ruhm: Rothenburg und Wertheim. Man hat die Lage von Rothenburg mit Jerusalem verglichen und die Lage von Wertheim mit Heidelberg.

Rothenburg zeigt, von vorn oder hinten betrachtet, ein höchst verschiedenartiges Doppelgesicht. Von vorn der enge Talgrund des Flusses, felsige Anhöhen, bedeckt mit Weingärten zwischen Gestein und Buschwerk, die Stadt mit ihren vielen Türmen und Mauern, wie eine große Burg die Höhe bekrönend, dazwischen die Felsenzunge des eigentlichen Burgberges, auf welchem jetzt neben der alten Kapelle nur noch mächtige Bäume aufragen statt Bergfried und Palas. Von hinten dagegen sanft ansteigende Ackerflächen,

Hopfenstangen statt der Rebenpfähle, und nur noch auf der langen obersten Linie des Hügelrückens Turmspitze an Turmspitze, die in seltsamer Silhouette von dem Goldgrunde des Abendhimmels sich abheben. Vorn Wein, Bergwildnis und Romantik, hinten Bier, Hügelfläche und prosaische Kultur.

Burgtor mit Silhouette des »Kappenzipfels« zu Rothenburg. Zeichnung von Th. Pixis, um 1868

Im Innern ist Rothenburg von allen altertümlichen deutschen Städten, welche ich kenne, weitaus die altertümlichste, die am reinsten mittelalterliche. Nürnberg hat sich verjüngt in und neben seinen alten Quartieren, Rothenburg ist durchaus alt geblieben, und was etwa nicht alt wäre, das erscheint verschwindend bedeutungslos. Die Stadt ist wie erstarrt, versteinert, sie ist äußerlich stehen geblieben, also innerlich heruntergekommen, aber sie ist nicht so weit heruntergekommen, daß sie eine Ruine und folglich dann doch wieder etwas Neues geworden wäre. Sie ist vergessen worden von der zerstörenden sowohl als von der neubildenden Zeit.

Wall und Graben, Mauern, Tore und Türme gürten sich so fest um die Stadt, als sollten sie heute noch, wie in Kaiser Ruprechts Tagen, die Wogen des stärksten ritterlichen Heeres brechen. Noch schauen uns aus der Bastei am Spitaltor ein paar alte Kanonen entgegen, noch gehen wir über die alten Torbrücken, aber die alten Torflügel sind freilich geöffnet, um nicht wieder geschlossen zu werden, und statt des Reichsadlers hängt eben eine königlich-bayrische Konskriptionsverfügung am Einlaß. Gar manche deutsche Stadt hat noch alte Mauern und Türme, allein ein so geschlossenes System größtenteils echt mittelalterlicher Festungswerke, die der ganzen Stadt das Ansehen einer großen Burg geben, wird sich selten wiederfinden.

Die Stadt macht den Bürger

Zu diesem Zug des äußeren Gesichtes gesellt sich ein Zug der inneren Physiognomie der Stadt, durch welchen Rothenburg ganz besonders als ein versteinertes Stück Mittelalter inmitten der Gegenwart erscheint: die Masse der öffentlichen Gebäude erdrückt gleichsam die Privathäuser; fast alles, was uns monumental bedeutend, was uns altertümlich anziehend entgegentritt, zielt auf die politische oder kirchliche Gemeinde, und selbst die historisch merkwürdigen Privathäuser sind doch zumeist nur deswegen merkwürdig, weil sie Trümmer älterer öffentlicher Gebäude in sich schließen oder weil eine Erinnerung aus dem öffentlichen Leben der Stadt auf ihren Mauern ruht. Wenn man alle reinen Privathäuser von Rothenburg wegnähme, so bliebe Rothenburg doch im wesentlichen stehen.

Man kennt jene wunderlichen Städteprospekte in Büchern des 16. und 17. Jahrhunderts, auf welchen wir fast nur Festungswerke, Kirchen, Klöster, Rat- und Zunfthäuser und dergleichen hochaufragend erblicken und daneben dann so beiläufig ein kleines Häuflein von niederen Dächern der eigentlichen Wohnhäuser. Diese Prospekte sind ohne Zweifel naturalistisch ungenau, wie aus dem Gedächtnis gezeichnet, sie versinnbildlichen aber sehr treffend den wahren Charakter einer mittelalterlichen Stadt. Damals machte die Stadt den Bürger, während in unserer Zeit die Bürger die Stadt machen.

»Prospect des Marcktes gegen Abend« mit Rathausfassade und Marienapotheke zu Rothenburg. Radierung von J. F. Schmidt, 1762

Wie den Zeichnern jener alten Prospekte, so geht es uns heute noch bei Rothenburg. Solange wir durch die Straßen wandern, sehen wir freilich Privathäuser genug; entwerfen wir uns aber nachher ein Bild des Ganzen aus dem Gedächtnis, so ist es, als ob Rothenburg aus lauter öffentlichen Gebäuden bestünde, mit einer bedeutungslosen Zutat von Wohnhäusern. Rothenburg besitzt im Vergleich zu seiner Größe mehr monumentale Bauwerke als Nürnberg oder Augsburg, aber ihm fehlen jene Häuser, welche an große Bürgergeschlechter erinnern, deren Ruhm, wie bei den Fuggern und Welsern, den Glanz der Stadt selbständig gehoben, ja zeitweilig überstrahlt hätte. Das Rothenburger Patriziat war bedeutend in und mit der Gemeinde, nicht über dieselbe hinaus.

So sanken denn auch die Bürger in der neueren Zeit zu sehr mäßigem Wohlstand herab, während die Gemeinde reich blieb. Rothenburg hat ein größeres Gemeindevermögen als München, und das Kapital seiner Wohltätigkeitsstiftungen belief sich im Jahr 1861 bei einer Bevölkerung von nur 5049 Seelen auf die Summe von 1 389 900 Gulden. Nürnberg und Augsburg sind berühmt wegen ihres Reichtums an milden Stiftungen, allein Nürnberg besaß in demselben Jahre bei 62 787 Einwohnern nur 4 967 062 Gulden, Augsburg bei 45 389 Einwohnern 4 252 503 Gulden Stiftungskapital; diese reichen Städte erfreuen sich also im Vergleich zu ihrer Volksmasse bei weitem keines so großen Stiftungsvermögens wie das arme Rothenburg.

Die alten Geschlechter in Rothenburg wurden reich durch die Stadt, und die Stadt war reich durch den Grundbesitz und die grundherrlichen Rechte ihres großen Gebiets. Umgekehrt werden in unserer Zeit hier die Armen ernährt und beschäftigt durch die Stadt: mehr als ein Drittel sämtlicher Familien zählt zu den Taglöhnern oder den konskribierten Armen, und von 349 Taglöhnerfamilien nährten sich im Jahr 1855 nicht weniger als 214 von städtischem Taglohn. Das ist auch ein Stück versteinertes Mittelalter.

Die Stadt ehrt ihre Denkmale

»Prospect der Klingengasse gegen Mittag« mit Feuerleinserker und Durchfahrt unter der St. Jacobskirche in Rothenburg. Radierung v. J. P. Schmidt, 1762

Rothenburg ist eine ganze Stadt im gotischen Stil, und zwar des 14. und 15. Jahrhunderts; dies eben war die Zeit, wo die Gemeinde am höchsten stand. Die älteren romanischen Bauten wurden von der Gotik verschlungen bis auf wenige Reste, und wer jetzt den Rothenburger Romanismus studieren will, der muß auf die umliegenden Dörfer gehen. Der Renaissance gehört der Neubau des Rathauses an; allein so übermächtig herrscht die Gotik, daß dieser Prachtbau doch dem gotischen Gesamtcharakter der Stadt nichts anhaben kann. Das Hauptwerk der Gotik aber, die Jakobskirche, ward durch den Gemeinsinn der Bürger so groß und stolz; jedermann steuerte durch viele Jahre wöchentlich einen Heller, und so bekamen die Rothenburger die schönste Kirche auf weit und breit – der Abt von Heilsbronn (Mittelfranken) wußte gar nicht wie. Die Bürger aber wußten's und sagten's ihm.

Noch heutigen Tags ehrt und erhält die Gemeinde ihre zahlreichen Denkmale, die zum Teil gewiß nur noch ein fressendes Kapital sind, mit achtungswerter Treue. Die Bürger sind stolz darauf, daß sie jetzt einen so schönen öffentlichen Garten zwischen den Trümmern der Reichsburg geschaffen haben; sie erhalten ihre Stadtmauern und Türme, und wenn im Anfang dieses Jahrhunderts manches merkwürdige monumentale Werk mutwillig zerstört wurde, so haben das in der Regel andere Leute als die Rothenburger getan.

Der wichtigste Ausfuhrartikel der Stadt in alten Zeiten war das Getreide, und die vielen Mühlen und Bäckereien bildeten das charakteristische Gewerbe. Rothenburger Brot ist altberühmt; es überlebte den Ruhm der Reichsstadt; im Jahre 1779 wußte man selbst in Paris noch davon, ein damaliger französischer Geograph schreibt von Rothenburg nichts weiter als: l'air y est sain et le pain excellent. Jetzt kennt man das Rothenburger Brot in Paris vermutlich nicht mehr; allein die Schranne ist doch noch der wichtigste Markt des Platzes, es gibt noch immer viele Mühlen unten im Tal und auffallend viele Bäcker, Melber und Brauer oben auf dem Berg, und die Luft ist gesund geblieben und das Brot vortrefflich.

»Durch Feuer und Blume überraschend«

An der oberen Tauber sieht es allerwege altertümlicher aus als im mittleren und unteren Tal. Das kann man auch an Sitte und Tracht des Landvolkes wahrnehmen, ja sogar beim Weinbau. Die Weinberge der oberen Tauber sind selber ein allmählich versinkendes Altertum.

Zwischen den einzelnen Weingärten ziehen sich Wälle von zusammengelesenen Steinen die Hügel hinab und geben der ganzen Landschaft ein seltsam fremdartiges Ansehen. Diese langgestreckten Steinhaufen sind Denkmale uralten Fleißes bei der Rodung des Acker- oder Reblandes und geben als unverrückbare Grenzlinien dem Forscher der Wirtschaftsgeschichte einen Wink über den ältesten Umfang der einzelnen Güterteile.

Weikersheim, nach der Natur gez. von G. M. Eckert, gest. von F. Foltz, um 1840

Bei Weikersheim, wo das antiquarische Interesse des Weinbaues zurücktritt, weil dort ein auch noch für die Gegenwart höchst angenehmer Trank gedeiht, verschwinden diese Steinwälle. Allein die Weinberge sehen doch auch hier kurzgeschnitten, da die hitzige flache Bodenkrume auf dem Kalkgeröll keine enggepflanzten, stark ins Holz treibenden Reben duldet. Die Ertragsmenge ist darum auffallend gering, die Güte des Gewächses aber kann unter Umständen ausgezeichnet werden. Weikersheim, Markelsheim, Mergentheim und Marbach rühmen sich des besten Tauberweins. Er ist entschieden kein Schwabe, sondern fränkisch mittelrheinischer Art, durch Feuer und Blume überraschend, allein flüchtig und nicht von langer Dauer. Auch dieser Wein steht, gleich der ganzen Tauber, an den Grenzen: er ist kein Wein von Rang und großem Namen, dennoch sind die besseren Sorten zu fein, die geringeren zu wenig ausgiebig, und die ganze Kultur ist zu kostbar, als daß der Wein als echter Landwein, als allgemeiner Haustrunk im Lande herrsche. Darum darf es uns nicht wundern, daß wir in so vielen Wirtshäusern des Taubertals zwar die Weinberge vor den Fenstern liegen sehen, auf den Wirtstischen aber stehen zumeist bloß Biergläser.

Malerisches Creglingen

Das nächste Städtchen unter Rothenburg ist Creglingen, eine Bauernstadt, welche wie andere Tauberstädte gleichen Ranges von der Stadt wesentlich nur den alten Namen, alte Häuser und Ruinen und alte Erinnerungen besitzt, im sozialen Charakter jedoch die entschiedenste Schwenkung zum großen Dorf genommen hat.

Ein Vergleich mit Rothenburg wird die Physiognomie Creglingens in klares Licht stellen. Beides sind altertümliche Städte; aber das erstarrte Rothenburg macht einen überwiegend architektonischen, das im Verfall lebendige Creglingen einen malerischen Eindruck, und bekanntlich ist ein Loch am Ellenbogen und ein Flicklappen auf dem Knie oft malerischer als ein ganzes Kleid. Die Reichsstadt Rothenburg war eine höchst selbständige Stadt, Creglingen als echt landesherrliches Städtchen höchst unselbständig. Durch Erbschaft, Kauf und Tausch ging es von Hand zu Hand und wurde der Reihe nach hohenlohisch, burggräflich erst magdeburgisch, dann nürnbergisch, markgräflich ansbachisch, bayrisch und zuletzt württembergisch. In Rothenburg bauten die Bürger ihre schönste Kirche ganz allein, Heller zu Heller sammelnd; die schönste Kirche Creglingens, jene berühmte »Herrgottskirche«, ist nicht von Creglingern erbaut, sondern von den Herren v. Brauneck. Sie liegt auch nicht in der Stadt, sondern ein Viertelstündchen abseits auf dem Gottesacker, ursprünglich eine Wallfahrtskirche, um welche sich dann die Gräber reihten.

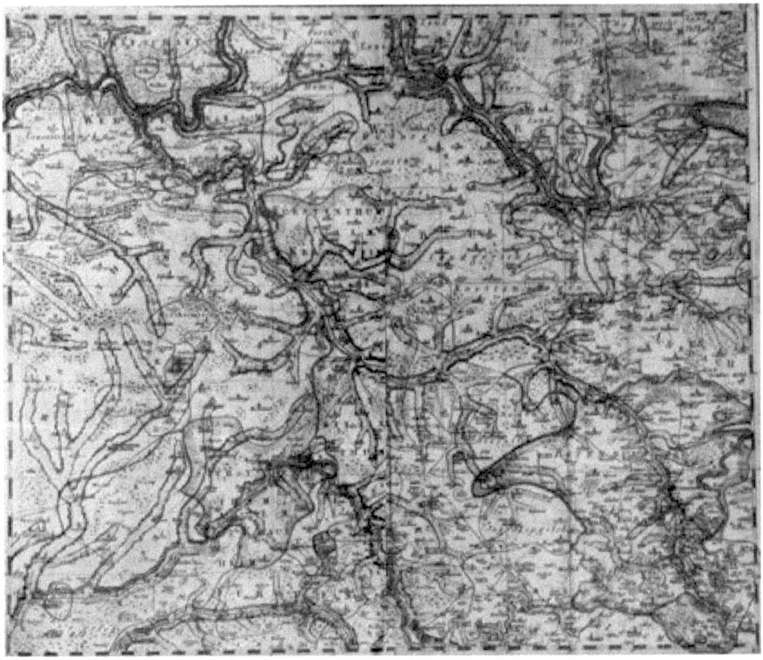

Lauf der Tauber in Franken, von ihrem Ursprung bis zu ihrem Einfluß in den Main. Gest. von C. F. Hammer, 1805

Die Kirche am Herrgottsbach

Man kann sagen: das Merkwürdigste von Creglingen überhaupt ist der Kirchhof. Die alten Grabsteine erzählen uns hier, wie viel vornehmer die Stadt einmal gewesen ist. Nicht bloß Pfarrersfrauen, sondern auch eine Schustersfrau des 17. Jahrhunderts steht fast lebensgroß auf ihrem Grabstein, als Relief gearbeitet, im Mantel und Faltenrock, fast wie eine Äbtissin anzuschauen. Der Kirchhof ist nicht groß, und die Kirche ist klein; sie ist aber ein reizendes Kunstgebilde und angefüllt mit allerlei Merkwürdigkeiten der Kunst, der Geschichte und der Sage, ein Mittelding zwischen Kirche und Museum. Auf dem Altar schreibt man sich ins Fremdenbuch; aber die vielen Sträuße und Kränze von künstlichen Blumen, welche vor dem Altar an einem Balken und an einer Seitenwand aufgehängt sind, erinnern uns, daß die Kirche auch noch Kirche ist. Es sind lauter Blumen von Kindersärgen; sie werden von den Paten auf den Sarg gelegt und dann zum Andenken in diese Kirche gestiftet, wo man die Leichengottesdienste abhält. Wie mir die Küsterin erzählte, kennen die Paten noch nach Jahren ihre Blumen und betrachten sich dieselben zeitweilig, um ihres verstorbenen Schützlings zu gedenken. Steht man vor diesen Kränzen, so erschließt sich ein wundervoller Blick ins Freie, umrahmt von dem offenen Kirchenportal, über den Vordergrund der Gräber und der verfallenen Kirchhofsmauer und über die enge Talschlucht des Herrgottsbaches hinauf zu den grünen Bergen und dem blauen Himmel. Und so werden wir von den verstaubten Altertümern zurückgeführt in die lebendige Gegenwart durch die Bilder des Todes.

Aber auch die verstaubten Altertümer können leben in der ewigen Jugend der Kunst. Das bezeugt uns der wundervolle Hochaltar des Kirchleins mit seinen Holzschnitzereien. Sie sind von berufeneren Männern längst gewürdigt und behaupten ihren Platz in der deutschen Kunstgeschichte. Ich will darum hier nicht näher auf dieses Werk eingehen. Nur eine Bemerkung sei mir erlaubt.

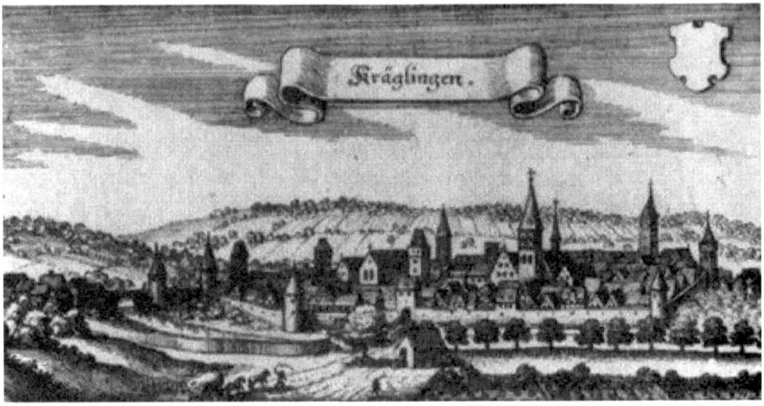

Creglingen. Kupferstich von Merian, um 1635

Als vor etlichen Jahren das Knabelsche Altarwerk in der Münchener Frauenkirche aufgestellt wurde, legten viele Künstler ihr eifrigstes Fürwort ein, daß man eine so edle und großartige Holzskulptur doch unbemalt lassen möge. Allein der Altar wurde bemalt und vergoldet, unter Berufung auf das kirchliche Herkommen und die Stimme des Volks, welche in Altbayern die unbemalten Heiligen »blinde Heilige« nennt. Der Creglinger Hochaltar stammt nun aber aus der besten alten Zeit und ist dennoch unbemalt; rein, wie sie von dem Messer des Schnitzers gekommen, treten seine Gestalten in der vollsten Klarheit der Linien vor uns, und der Gesamteindruck ist überraschend edel. Es findet sich aber auch zu Rothenburg in der Jakobskirche ein unbemaltes gotisches Altarwerk, und der Prachtaltar in der dortigen Spitalkirche entbehrt gleichfalls der Farben. Vielleicht sind noch mehr alte Altäre ohne »Faßmalerei« an der Tauber zu finden, und in Franken jedenfalls. Auch bei den Heiligenbildern an Häusern und Wegen liebt der Franke die bunte Farbe ungleich weniger als der Bayer und Tiroler, und es fragt sich, ob denn das katholische Volk immer und überall die geschminkten Heiligen den blinden Heiligen vorgezogen hat und ob nicht auch hier, wie überhaupt in der mittelalterlichen Kunst, örtliche Unterschiede wahrzunehmen sind, die der reinen Holzskulptur doch ein größeres Recht des Herkommens einräumen würden, als die Geistlichen den Künstlern zugestehen.

Die große Mehrzahl der Creglinger ist protestantisch, neben ganz wenigen Katholiken und ziemlich viel Juden. Archshofen oberhalb Creglingen war noch vor kurzem zum vierten Teil von Juden bevölkert, und in dem früher deutschherrischen Taubergebiet findet sich überall eine starke Judenschaft, wie denn auch die Juden in einen Teil des hohenlohischen Gebietes, von wo sie früher ausgeschlossen waren, durch einen Zwischenbesitz des Deutschordens eindrangen. In Rothenburg, der ehemaligen Reichsstadt, gibt es zwar eine Judengasse, aber keine Juden darin, weil man sie dort vor fünfhundert Jahren totgeschlagen und vor dreihundert Jahren ausgeplündert und fortgejagt hat. Wie so vieles andere, sind also auch die Juden in Rothenburg bloß monumental und historisch. Tauberabwärts dagegen sitzen sie noch wirklich und lebendig an warmen Sommerabenden vor dem Tor, oder wenigstens vor der Haustüre nach alttestamentlicher Weise.

Einkehr in Weikersheim

Weikersheim. Ansicht von Garten, Schloß und Stadt. Wandgemälde im Schloß, Künstler unbekannt, um 1710

Zwischen Creglingen und Mergentheim fordert Weikersheim noch eine kurze Einkehr; denn das Städtchen hat wiederum sein ganz eigenes Gesicht. Auf dem Wege von Queckbronn über den Berg verkünden der ummauerte Wildpark und die schöne alte Lindenallee schon von fernher die fürstliche Residenz des 17. Jahrhunderts.

Man würde bei den Weikersheimern nicht für einen Mann von Bildung gelten, wenn man durch die Stadt gegangen wäre, ohne das hohenlohische Schloß mit seinem Rittersaal und seinem französischen Garten gesehen zu haben. Der Einwand, daß man schon viele andere Rokokoschlösser und Gärten kenne, gilt nicht; denn es gibt doch nur einen Weikersheimer Schloßgarten und einen Weikersheimer Rittersaal. Die Leute haben recht: das Schloß ist das Wahrzeichen ihrer Stadt; es umschließt die Summe der Kunsteindrücke, an welchen sich hier der Kleinbürger von Jugend auf erfreut, die Summe der nächsten Geschichtserinnerungen, an welchen er sich belehrt hat, und nach den Interessen für die Quellen unserer eigenen Bildung bemessen wir so gern die Bildung eines anderen; wer aber zu Fuß kommt, der muß sich als besonders fein gebildet ausweisen, damit man seine staubigen groben Schuhe nicht sieht.

Also gehen wir in das Schloß, dessen einzelne Teile aus einer Burg in einen Renaissancebau und aus diesem in einen Rokokobau sich umgestaltet und erweitert haben. Nach den ernsten Geschichtsbildern des oberen Tales ruht sich der Geist behaglich aus in den Baumgängen des halb verwilderten französischen Gartens mit den Ruinen seiner palastartigen Gewächshäuser, mit seinen steinernen Bänken in der Form von geflochtenen Körben, seinen Statuen von Zwergen und Zwerginnen im mannigfachsten Gewand und seinen Göttinnen und Nymphen mit äußerst wenig Gewand.

Und vollends der Rittersaal des weitläufigen Schlosses! Wir sehen in dem gewaltigen Prunkraum alles mögliche, nur keine Ritter – Eber, Hirsche, Elefanten, Löwen, plastisch gearbeitet und bemalt, trotz dem Creglinger Altar, überlebensgroß, an der Wand und aus der Wand springend, einen wunderschönen Renaissance-Kronleuchter zwischen diesen Ungetümen, echteste alte Prospekte aus Paris, von Trianon, vom echten Versailles und vom hohenlohischen Versailles Karlsberg dazu, die Ahnenbilder der Familie seit 1610 in Hoftracht, ein Riesenpaar über dem Kamin, aus dessen Hüften zwei hohenlohische Stammbäume aufwachsen, eine Uhr mit beweglichen Aposteln, die sich aber nur bewegen, wenn die Herrschaft anwesend ist. Wir ruhen uns aus, wie wenn wir ein Geschichtsbuch beiseite gelegt hätten; und doch ist auch diese Novelle ein Blatt aus der Kulturgeschichte.

Mergentheim, Residenz des Deutschen Ordens Aber indem wir nach Mergentheim weiterziehen, kommen wir wieder zu größeren historischen Fernsichten, zunächst wenigstens auf einem kleinen Umweg über die Ostseeküste und Marienburg.

Man nähert sich Mergentheim, seit 1526 die Residenz der Hoch- und Deutschmeister, gar leicht mit falschen Erwartungen, indem man hier wenigstens einen blassen Abglanz der Romantik von Marienburg sucht. Allein von dem früheren Hochmeistersitz, von Marienburg in Preußen, nach dem späteren, nach Mariental in Franken, ist ein gewaltiger Sprung.

In Marienburg wuchs und wirkte die Manneskraft des Ordens, in Mergentheim setzte er sich in seinen alten Tagen zur Ruhe. Der Titel des Hochmeisters ist hier noch um zwei Silben (Hoch- und Deutschmeister) länger geworden, dafür waren Macht und Besitz des Ordens jetzt um so kürzer beisammen. Die Hochmeister von Marienburg stammten aus allerlei großen und kleinen Familien; nicht wenige waren die Söhne ihrer eigenen Taten, und die drei kraftvollsten unter ihnen kennt die deutsche Geschichte; von den achtzehn Mergentheimer Hoch- und Deutschmeistern waren fast zwei Drittel geborene Prinzen, die Geburt führte sie zu dieser Würde, bei welcher wenig mehr zu tun war; ihre Namen gehören der Ordensgeschichte an, die deutsche Geschichte erzählt nichts von ihnen. Während die älteren Hochmeister großenteils in Marienburg, wo sie lebten und wirkten, begraben liegen, sind seit 1600, also in den letzten zwei Jahrhunderten des Ordens, nur zwei Hoch- und Deutschmeister in Mergentheim gestorben und begraben worden; da sie so wenig dort zu tun hatten, so brauchten sie auch dort nicht zu sterben, und die Särge der übrigen ruhen in den Fürstengrüften von Wien, Innsbruck, Brüssel, Düsseldorf, Köln, ja im Eskorial.

Die Ordensburg an der Nogat, Schloß, Festung und Kirche aus einem Stück, liegt etwas weit hinten in Preußen, ist aber doch weltberühmt; das Schloß an der Tauber, ein fürstlicher Ruhesitz mit einer Rokokokirche, liegt mitten im innersten Deutschland, ist aber wenig gekannt; es ist auch nicht einmal das kunstgeschichtlich bedeutendste Gebäude von Mergentheim. Dennoch war Mergentheim mehr als ein bloßer Landaufenthalt für den altersschwachen Orden. Im 13. und 14. Jahrhundert fanden mehrere tüchtige Deutschmeister den Weg aus der hiesigen Gegend zum Hochmeistersitz in Marienburg, den überhaupt auffallend viele Franken innehatten, und eben jener Siegfried von Feuchtwangen, unter welchem die Glanzzeit des Ordens begann und die Burg an der Nogat zur Hofburg erhoben wurde, stammte aus der Nachbarschaft der Tauber.

Das Entendörfle im Schloßpark zu Mergentheim. Lithographie von F. Mayer, um 1840

Und nun noch einen Blick auf die beiden Schlösser in ihrem gegenwärtigen Zustand. Marienburg ist prachtvoll wiederhergestellt und mit alter und neuer Romantik geschmückt durch einen Romantiker auf dem Thron; wiederhergestellt nicht nur im antiquarischen Interesse, sondern auch im preußisch-patriotischen, als ein Denkstein altpreußischer Geschichte und zugleich als ein Erinnerungsmal für das Wiedererstehen Preußens nach dem tiefen Fall der napoleonischen Zeit; der preußische Landwehrmann von 1813 steht auf den gemalten Fenstern des Remters gegenüber dem Kreuzritter von 1190.

Im Schloßpark schlagen Nachtigallen

Welche Gegensätze in Mergentheim! Hier wurde das Schloß umgestaltet zum wohlgepflegten modernen Fürstensitz, der Burggarten zum schattigen englischen Park. Man sagt: im Jahr 1809, bei der württembergischen Besitzergreifung, seien viele Erinnerungszeichen der Deutschherren absichtlich vernichtet worden. Die Sehenswürdigkeit des Schlosses ist ein Naturalienkabinett, von einem fürstlichen Reisenden und Naturforscher hier aufgestellt. Mergentheim hat mit Altwürttemberg nichts zu schaffen, wohl aber erinnert es an die Rheinbundzeit, die man jedoch schwerlich hier monumental verherrlichen wird. Durch die vier letzten Hochmeister, welche österreichische Erzherzoge waren, neigte das katholische Ordensländchen zu Österreich hinüber, und als Napoleon Mergentheim im Jahr 1809 dem König von Württemberg geschenkt hatte, wollten die benachbarten Bauern mit Gewalt nicht württembergisch werden. In der falschen Hoffnung auf österreichische Hilfe zogen sie nach Mergentheim, nahmen die Stadt, wurden aber bald blutig auseinandergejagt. Zwei Deutschordensritter, die sich zur Rettung des württembergischen Kommissärs und im Interesse des neuen Landesherrn an die Spitze der wütenden Bauern stellten, wurden trotz dieser guten Dienste des Landes verwiesen, die Rädelsführer gehängt, erschossen, zur Kettenarbeit an den neuen Anlagen des Stuttgarter Schloßgartens verurteilt.

Heilquelle bei Mergentheim. Gez. von J. L. Roßhirt, gest. v. F. Foltz, um 1840

Als der Dreißigjährige Krieg durch dieses Tal tobte und Mergentheim bald von den Schweden, bald von den Weimarischen und Franzosen in Besitz genommen ward, schrieb Merian: »und ist doch allezeit wieder an seinen rechten Herrn kommen«. Mit diesem Trost haben sich die Mergentheimer und andere deutsche Landeskinder auch schon zu anderen Zeiten trösten müssen.

Mergentheim ist eine »freundliche Landstadt«. Das will an und für sich nicht viel besagen. Aber wenn die Württemberger ihr Mergentheim mit Betonung eine freundliche Landstadt nennen, so besagt das doch etwas; denn in Württemberg gibt es besonders viele freundliche Landstädte. Im April zur Zeit der Apfelblüte soll es um Mergentheim fast so schön sein wie, schwäbisch gesprochen, »bei den Eßlinger Filialen«, vollends aber im Mai sollen die Nachtigallen des Schloßgartens vielstimmiger und schöner schlagen als irgendwo im ganzen Königreich.

Eine Großstadt im Taschenformat

Mergentheim ist nicht erstarrt wie Rothenburg, nicht verfallen wie Creglingen, es ist ein lebendiges, aufblühendes Städtchen, dabei aber durchaus nicht modernen Gepräges, sondern etwas altfränkisch. So etwa sah es vor dreißig Jahren in unseren mittleren Städten aus, wie heute noch in dieser kleinen Stadt. Man hat die Schwächen unserer Kleinstädterei oft und grell geschildert, allein aus den kleinen Städten gingen unsere meisten großen Männer hervor, und die unendliche Fülle mannigfaltigster Bildungsstoffe auf engem Raum und im verjüngten leicht erfaßbaren Maßstab ist ein Vorzug der deutschen Kleinstädte, um welchen uns andere Nationen beneiden können. Gerne erinnern wir uns in der gemütlich poetischen Szenerie Mergentheims daran, daß Mörike hier längere Zeit lebte und dichtete. Man muß das Schwabenland kennen, um Mörike ganz zu verstehen, und in Schwaben wiederum insbesondere die vielen kleinen eigenartigen Städte, um sich von Mörikes Humor recht warm angeheimelt zu fühlen.

Man betrachte dieses Mergentheim: es hat Kirchen und Klöster aus dem Mittelalter und der Rokokozeit, ein Renaissanceschloß innerhalb der Mauern, eine Burgruine nahe vor dem Tor, ein merkwürdiges Archiv, ein berühmtes Naturalienkabinett, reiche alte Spitäler und Pfründnerhäuser und ein modernes Mineralbad mit 800 und mehr Kurgästen, eine Lateinschule und Realschule, einen öffentlichen Park; die Stadt beherbergt zuzeiten einen Hof und allezeit Beamte, Bürger und Bauern, Feldbauern sowohl als Weinbauern, wie auch mancherlei Spezialisten unter den Handwerkern, Messerschmiede, Orgelbauer, Instrumentenmacher, das alles und noch mehr besitzt die kleine Stadt und zählt doch nur 3000 Einwohner. Es fehlen nur die Soldaten, allein das ganze Taubertal ist unmilitärisch: ich habe nirgends einen Soldaten gesehen und bin nirgends einem Reiter begegnet. Es gibt in Deutschland Kleinstädte, welche bloß große Bauerndörfer sind oder große Fabrikkolonien, es gibt aber auch, und namentlich in Mitteldeutschland, Kleinstädte, die sich von der Großstadt nur mehr quantitativ als qualitativ unterscheiden, Großstädte im Taschenformat, und ein guter Auszug eines Buches ist oft lehrreicher als das dicke Original.

Tauberbischofsheim verjüngt sich

Im mittleren Taubertal herrscht der regste Verkehr und weht inmitten alter Ruinen und altfränkischer Typen der Odem des frischen gegenwärtigen Lebens, im oberen überwiegt die Geschichte.

Tauberbischofsheim ist enger, dunkler, altertümlicher angelegt als das freundliche Mergentheim; aber es verjüngt sich und wird wohl in wenigen Jahrzehnten, trotz seines burgartigen Schlosses, seiner gotischen Kirche und Sebastianskapelle, eine halbwegs neue Stadt geworden sein. Mit Überraschung entdeckt man hier, daß es an der Tauber auch Städte gibt, die nicht aussehen, als seien sie aus Münsters »Kosmographey« geschnitten, - Städte, die ihren Wall bereits in eine Wallpromenade verwandelt und ihre buckelige Tauberbrücke (die Creglinger trägt in diesem Stück den Preis davon, zum Entzücken des Malers und zur Verzweiflung aller Fuhrleute) durch einen breiten und ebenen, völlig modernen Brückenbau ersetzt haben. Ja, es gibt sogar monumentale Neubauten in dieser Gegend; ein neues Rathaus und ein neues Gymnasium entstehen soeben in Tauberbischofsheim, ein Krankenhaus von reicher und zierlicher architektonischer Wirkung ist fast vollendet, eine neue gotische Kirche schmückt das Tal weiter abwärts bei Werbach, und ein romanischer Kirchenbau, von Gärtner in München, spiegelt sich in der Mündung der Tauber bei Wertheim.

Im stillen Tal der unteren Tauber

Tauberbischofsheim um 1850

Wie man sagen kann, daß rheinische Natur bis Heilbronn neckaraufwärts steigt und also der Rhein gleichsam ein Stück Wegs ins Neckartal hineinschaut, so schaut auch der Main bis gegen Werbach ins Taubertal. Die Hauptflüsse assimilieren sich gern die Mündungsgebiete ihrer Nebenflüsse wie das Meer den Mündungslauf der Hauptflüsse: das gilt nicht bloß vom Charakter der Landschaft, sondern auch vom Charakter des Volkslebens.

Der unterste Teil der Tauber ist der einsamste: die Dörfer liegen weit auseinander, die Hauptstraßen lenken seitab ins Land hinein, die Berge rücken enger, höher zusammen, rechts und links bis zur Talsohle mit Wald bedeckt, während sonst an der Tauber meist nur die Höhen des linken Ufers mit Wald bekrönt sind. Diese zunehmende Stille, je mehr wir uns der größeren Verkehrsader des Mains nähern, befremdet uns; sie ist gegen die Regel. Wer ein Flußtal durchwandert, um das Volk zu sehen, der geht am besten talab von der Quelle zur Mündung, den Weg aus der Einsamkeit ins immer reichere Kulturleben; wer dagegen Landschaften sehen will, der geht besser talaufwärts, weil die Naturschönheit der mittleren und oberen Flußbecken so gerne zunimmt im umgekehrten Verhältnis zur Fülle der Siedlungen und des Verkehrs. Bei der Tauber könnte aber der Volksforscher ganz füglich auch einmal unten anfangen und der Maler oben, und sie hätten das Tal doch gerade so gut am rechten Zipfel gefaßt wie umgekehrt.

Das regste Leben in der Vergangenheit gehörte der oberen Tauber, das regste Leben in der Gegenwart gehört der mittleren, die unterste Strecke war zu allen Zeiten die einsamste. Freilich ist Wertheim, die Mündungsstadt, weitaus volkreicher und wirtschaftlich entwickelter als alle anderen Städte an der Tauber. Allein das ist sie als Mainstadt, nicht als Tauberstadt. Der beste Wertheimer Wein wächst am Main, und Schiffahrt und Handel folgen dem größeren Fluß. Zwischen Werbach und Wertheim dagegen können wir noch stundenlang durch ein enges Wald- und Wiesental wandern und sehen nichts als idyllische Naturschönheit. An der ganzen übrigen Tauber fesselt uns vorab der Reiz der Staffage, der malerischen Dörfer und Städtchen, und dann erst der Hintergrund der Landschaft. Die Ursache der Vereinsamung des unteren Tals aber habe ich angedeutet, als ich von den Straßenzügen sprach.

Doch muß man sich diese Einsamkeit nicht gar zu einsam vorstellen - dafür sind wir in Mitteldeutschland, und die Idylle nicht gar zu idyllisch - dafür sind wir im Großherzogtum Baden. Es zieht eine treffliche Landstraße durch das stille Tal, auf den Wegweisern lesen wir in Dezimalen, wie weit es zum nächsten Dorfe ist, und die Bauern wissen also hier ohne Zweifel schon sämtlich, daß 6,6 Stunden nicht 66 Stunden sind. An der württembergischen Tauber rechnet der Wegweiser noch volkstümlich nach der Uhr zu Viertel- und halben Stunden, und an der bayrischen Tauber rechnet er gar nicht.

Die Kulturzone der numerierten Apfelbäume beginnt zwar schon bei Mergentheim, allein doch erst sporadisch; an der badischen Tauber wird die Sache rationell und zum System. Unter Werbach, wo der rote Sandstein zutage bricht und seine Waldberge quer gegen den Talkessel schiebt - hier, wo der Wanderer aufatmet bei dem Bilde reiner Naturromantik, trägt jeder Chausseebaum seine eigene Nummer, schwarz auf weiß in Ölfarbe und die Nummern nach den Dezimalsteinen der Straßenlänge geordnet. Denn der moderne Staat verschenkt seine Äpfel nicht, sondern er versteigert sie.

Die Wiesen des einsamen unteren Tauberwaldtals sind gut gepflegt, vielfach kunstvoll bewässert; bei Bischofsheim hat man den ganzen Fluß zugunsten der Wiesenkultur in einen geradlinigen Kanal verwandelt und bei Bronnbach sogar einen Bach über die Tauber geführt, damit er hier noch einmal die Wiesen wässere und also am rechten Ufer münde, während er am linken Ufer entspringt. Das ist doch Kunst in der Natur.

Kräftige weitgedehnte Eichenbestände bilden den Wald dieses unteren Taubertals; sie erinnern schon an den nahen Spessart. Allein die forstwirtschaftliche Pflege schaut uns überall aus dem Dickicht entgegen, und wir denken darum hier im Eichenschatten weit eher an die wunderschönen eichenen Faßdauben und Bohlen, welche im Wertheimer Hafen verladen werden, als an den germanischen Eichwald. Dieser Gegensatz überraschender Kultureindrücke inmitten der schweigenden, reinen Naturschönheit wird sich aber noch viel schärfer zuspitzen, wenn einmal die Eisenbahn fertig sein wird, welche hier mit Tunnels, Durchstichen und Dämmen das Tal gar mannigfach durchschneidet. Allein, wenn dann auch der Weg durch den Berg führt, wie der Bach über den Fluß, und wenn neben den numerierten Apfelbäumen Bohnen an allen Telegraphenstangen sich aufranken, so wird doch mit der einsam schönen Landschaft ein Drittes sein Recht noch immer behaupten: allerlei verstohlener Schmuck von Kunst und Geschichte. Gamburg mit seinem Schloß und seiner alten Mühle wird malerisch bleiben; Niklashausen historisch denkwürdig, und Bronnbach wird wohl gar noch mehr als jetzt eine Quelle des Studiums und der Erbauung für den Architekten und Kunsthistoriker werden. Diese Reliquien wirken aber um so poetischer, weil sie so heimlich versteckt liegen.

Romanik und Rokoko in Bronnbach

Wertheim, vom Tauberufer aus gesehen. Nach einem Gemälde Ludwig Richters gest. von Frommel und Winklers, um 1830

Wer vor der ehemaligen Zisterzienserabtei Bronnbach um die Waldecke biegt, der erwartet wohl kaum hier im engen Tal den Mittelpunkt eines Ökonomiegutes von nahezu 2500 Morgen Flächengehalt zu finden, mit hochentwickelter Viehzucht und einer auf die Ausfuhr arbeitenden Brauerei. Wer sich aber dann die Wirtschaftsgebäude in ihrer weiland klösterlichen Rokoko- und Zopfpracht näher betrachtet, den überrascht wiederum innerhalb dieser verblichenen Herrlichkeit ein wahres Kleinod reiner und echter mittelalterlichen Kunst, die Abteikirche. Sie ist ein wenig gekannter, aber sehr kennenswerter spätromanischer Bau, dreischiffig, mit langem Chor und kurzen Querschiffen, das Mittelschiff bereits von ursprünglichen Kreuzgewölben überspannt, der Chor im Halbkreis abschließend, außen mit einem höchst originellen Rundbogenfries geschmückt, das Ganze einheitlich durchgeführt bis hinauf zu den beiden Dachreitern, welche, was gewiß selten ist, noch unversehrt die romanische Ornamentik tragen. Das Innere ist zwar mannigfach verzopft, dennoch aber im wesentlichen wohlerhalten. Der Bau als solcher entging der Zerstörungswut des 16. wie der Verbesserungswut des 17. und 18. Jahrhunderts und der innere Schmuck - bis jetzt wenigstens - auch der Wiederherstellungswut des 19.

Das Pfeiferhänsle von Niklashausen

In Bronnbach rühmt man das Bier und in Niklashausen den neuen Fünfundsechziger, der hier wie anderwärts alle Jahrgänge unserer Zeit übertreffen soll. Der berühmteste Niklashäuser ist aber doch der 1475er, ein Revolutionswein. Damals war der Wein am Main und an der Tauber besser geraten und wohlfeiler als seit Menschengedenken. Wie er nun im folgenden Jahre recht vergoren und das stärkste Jugendfeuer gewonnen hatte, da strömten die Leute zu Tausenden hier zusammen, lagerten sich im Felde ringsum und schlugen Wirtsbuden auf, um zu trinken und die Predigt des Hirten und Paukenschlägers Henselin zu hören, der in Ermangelung einer besseren Rednerbühne den Kopf zum Dach eines Bauernhauses herausstreckte und wie Johann Herold, der Haller Chronist, sagt, heftig eiferte »wider die Obrigkeit und Klerisei, auch spitzige Schuh, ausgeschnittene Goller und lange Haare«. Diese Rede war auch ein junger Wein, aber noch etwas unvergoren. Und bei den Zuhörern arbeitet der vergorene Fünfundsiebziger und dieser unvergorene Sechsundsiebziger durcheinander, sie bereuten ihre Sünden und noch mehr das »trockene Elend« (wenn einer großen Durst und nichts zu trinken hat) und trugen Schmuck, Kleider, Haare, Schuhspitzen, Geld und Kerzen in die Kirche, welche noch als ein verwitternder gotischer Bau am Platze steht. Da aber der Tauberwein feurig ist und leicht berauscht, doch ebenso rasch auch wieder verfliegt, so wären (nach Herolds Zeugnis) viele, oft bis aufs Hemd entkleidet, gern wieder umgekehrt und hätten ihre Kleider wieder geholt. Allein der Rausch, welchen die Gleichheitspredigt jenes Propheten des Bauernkriegs in den Köpfen der großen Menge entzündet, blieb dennoch nachhaltiger als der rasch verdampfende Weinrausch, und so ward denn bekanntlich die Zeche erst später in Würzburg gemacht, wo die Bauern von den Reisigen des Bischofs zersprengt und erschlagen wurden, der Pauker aber verbrannt und seine Asche in den Main gestreut.

Auch heuer, wo der Wein wieder so gut geraten ist, strömte in der zweiten Oktoberwoche eine große Menschenflut das stille Tal der unteren Tauber hinab, aber nicht nach Niklashausen, sondern nach Wertheim zu einem landwirtschaftlichen Feste des »Taubergaues«. Das Fest soll äußerst fröhlich und gelungen gewesen sein, und man pries besonders die anmutige und lehrreiche Vorführung der Bodenprodukte und der Betriebsamkeit des Tales auf den malerisch geschmückten Festwagen.

Vom Schicksal vorbestimmt zum nationalökonomischen Romantiker, kam ich auch hier unverschuldet um einen Tag zu spät und sah also nur die Trümmer des Festes. In Dertingen stand ein Festwagen, abgeladen bis auf einen Kranz fruchtbehangener Rebstöcke, welche wie zu einem Weinberg hinaufgepflanzt waren. Neben einem Spruch vom Segen des Fleißes trug er die Aufschrift: »Gott gibt alles der Betriebsamkeit!« Das ist ein Zeichen der Zeit. Und bei Reichholzheim hatte ich tags zuvor einen anderen solchen Wagen gesehen: er lag umgestürzt im Graben, die Kränze zerrissen, der Schmuck und Aufbau von Werbacher Bruchsteinen umhergestreut. Der Fuhrmann mit verbundenem Kopfe trieb vergebens vier Pferde an, um ihn wieder emporzuheben, und ein Festgenosse oder zwei hatten bei dem Sturze den jähen Tod gefunden. Die Aufschrift »Festwagen«, welche aus den Trümmern weithin lesbar hoch aufragte, machte einen schaurigen Eindruck. Ein achtzehnjähriger wandernder Schneidergeselle stand bei der Gruppe und hielt eine Standrede: wie ungewiß der Ausgang aller irdischen Lust, wie gewiß aber der Tod sei. Während so der Jüngste im Tone der bekannten Gesellenvereine predigte, halfen die älteren Leute dem Fuhrmann bei seinen Pferden. Das ist auch ein Zeichen der Zeit.

Weinfroher Ausklang in Wertheim

Wertheim im Jahre 1673. Kupferstich von Merian d. J.

In Wertheim gewahrte man überall die Spuren der kaum verklungenen Herrlichkeit, und eine Stadt kann ebensogut übernächtig aussehen und Katzenjammer haben wie ein einzelner Sterblicher.

Aber darin zeigte sich Wertheim heute im hellsten Licht einer Rhein- oder Main- und Weinstadt, daß ein neues Fest, und zwar ein Fest der Arbeit, die Abspannung des gestrigen Festes niederschlug. Gestern galt es dem Taubertal und heute dem Main. Die besten Wertheimer Weinberge liegen am jenseitigen Mainufer. Und von da drüben schallten jetzt die Freudenschüsse und die Jubelrufe der Winzer. Es war Weinlese. Große Mainschiffe, die bei dem niederen Wasserstand jetzt Ferien hatten, fuhren herüber und hinüber, als seien es kleine Nachen, mit Menschen, Fässern, Butten und Tragkufen bis zum Rande belastet.

Das bunteste wimmelnde Leben entfaltete sich abends jedoch auf der Tauber. Sonst nicht schiffbar, bildet sie bei der Mündung einen Hafen für die Mainschiffe. Und gerade dieser Mündungswinkel ist so wunderschön! Die schwarze überdachte Holzbrücke der Tauber im Vordergrund, die Taubervorstadt mit ihrer neuen Kirche zur Rechten, die Mainstadt mit den Hafentürmen, mit ihrer alten gotischen Kirche und den großartigen Trümmern des Bergschlosses in der Mitte, die jenseitige Vorstadt Kreuzwertheim zur Linken - das alles gibt ein Gesamtbild von solcher Fülle und Pracht des malerischen Aufbaues, daß man es wohl, wie schon viele getan, mit Heidelberg vergleichen darf.

Und gerade an diesem reizenden Punkt sammelten sich die meisten weinbeladenen Schiffe und landeten am Tauberufer, wo der Most aus den Butten in die Fässer gefüllt auf Wagen oder auf Tragkufen geschafft und hüben wie drüben durch die geschäftig wimmelnde Menge zur Stadt gefahren wurde.

Das war mein letzter Blick auf die Tauber. Der letzte Eindruck war reiches, frohes Arbeitsleben inmitten einer ewig jugendschönen Natur und alter Denkmale und Trümmer versunkener Menschengeschlechter. Westwärts, wo der Main zum Rheine zieht, verglüht die Sonne, und nach einem Gang von der Frankenhöhe durchs Taubertal herab ist Wertheim bereits eine Weissagung auf den Rhein.

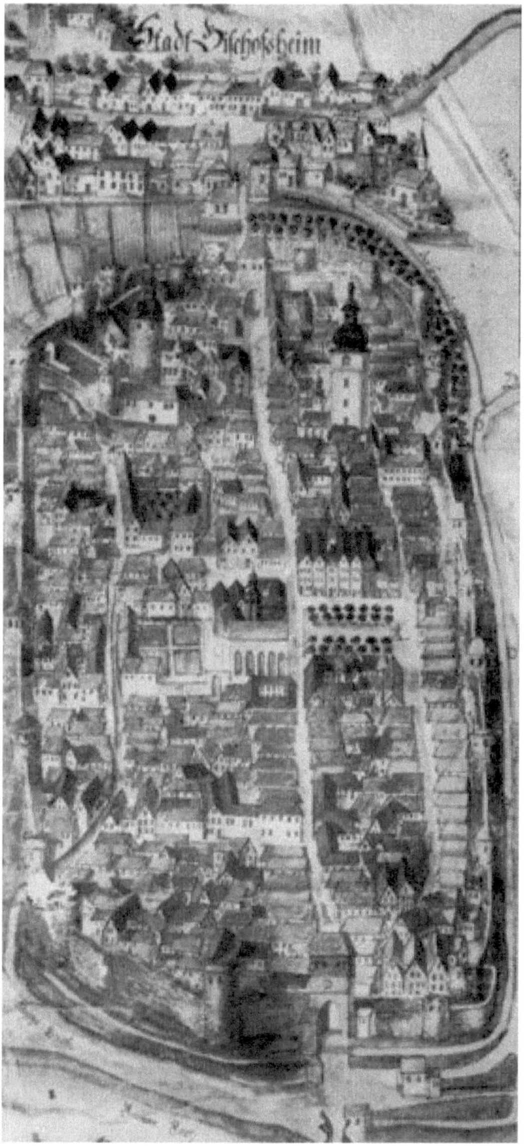

Stadt Bischofsheim

tredition®

Über tredition

Eigenes Buch veröffentlichen

tredition wurde 2006 in Hamburg gegründet und hat seither mehrere tausend Buchtitel veröffentlicht. Autoren veröffentlichen in wenigen leichten Schritten gedruckte Bücher, e-Books und audio-Books. tredition hat das Ziel, die beste und fairste Veröffentlichungsmöglichkeit für Autoren zu bieten.

tredition wurde mit der Erkenntnis gegründet, dass nur etwa jedes 200. bei Verlagen eingereichte Manuskript veröffentlicht wird. Dabei hat jedes Buch seinen Markt, also seine Leser. tredition sorgt dafür, dass für jedes Buch die Leserschaft auch erreicht wird.

Im einzigartigen Literatur-Netzwerk von tredition bieten zahlreiche Literatur-Partner (das sind Lektoren, Übersetzer, Hörbuchsprecher und Illustratoren) ihre Dienstleistung an, um Manuskripte zu verbessern oder die Vielfalt zu erhöhen. Autoren vereinbaren direkt mit den Literatur-Partnern die Konditionen ihrer Zusammenarbeit und partizipieren gemeinsam am Erfolg des Buches.

Das gesamte Verlagsprogramm von tredition ist bei allen stationären Buchhandlungen und Online-Buchhändlern wie z. B. Amazon erhältlich. e-Books stehen bei den führenden Online-Portalen (z. B. iBookstore von Apple oder Kindle von Amazon) zum Verkauf.

Einfach leicht ein Buch veröffentlichen: **www.tredition.de**

Eigene Buchreihe oder eigenen Verlag gründen

Seit 2009 bietet tredition sein Verlagskonzept auch als sogenanntes "White-Label" an. Das bedeutet, dass andere Unternehmen, Institutionen und Personen risikofrei und unkompliziert selbst zum Herausgeber von Büchern und Buchreihen unter eigener Marke werden können. tredition übernimmt dabei das komplette Herstellungs- und Distributionsrisiko.

Zahlreiche Zeitschriften-, Zeitungs- und Buchverlage, Universitäten, Forschungseinrichtungen u.v.m. nutzen diese Dienstleistung von tredition, um unter eigener Marke ohne Risiko Bücher zu verlegen.

Alle Informationen im Internet: **www.tredition.de/fuer-verlage**

tredition wurde mit mehreren Innovationspreisen ausgezeichnet, u. a. mit dem Webfuture Award und dem Innovationspreis der Buch Digitale.

tredition ist Mitglied im Börsenverein des Deutschen Buchhandels.

Dieses Werk elektronisch lesen

Dieses Werk ist Teil der Gutenberg-DE Edition DVD. Diese enthält das komplette Archiv des Projekt Gutenberg-DE. Die DVD ist im Internet erhältlich auf **http://gutenbergshop.abc.de**